知っているようで知らない日本語のルール

佐々木瑞枝 著

東京堂出版

はじめに

私たちは、毎日あたりまえに日本語を使っています。

しかし、じつはその中に、日本人だからこそ知らない「隠れたルール」があるのを知っていますか?

ある日、工学博士の友人から「先生、人工知能ロボットに日本語を覚えさせたいのですが、じつは困っていることがあるんです」と相談を受けました。博士の研究室で、ロボットが話すのを聞いて驚きました。「地球環境は、ますます悪化の一途をたどっていますね」というような難しい言葉を使いこなしていたからです。

しかし、次に話すのを見て、やはりロボットだと感じました。ロボットは自分の家族であるロボットに、朝は「おはよう」、昼は「こんにちは」、夕方は「こんばんは」と話しかけていたからです。私たちは、家族の間で「こんにちは」や「こんばんは」は使いませんよね。これは、日本語の中にある隠れたルールの一つです。ロボットには日本語の中に隠されたルールを教え込まないと！
「先生、こういうルールが書かれた日本語のテキストを探したのですが、どこにもなくて」と博士。「先生のこれまで外国人に教えてこられたご経験が、役に立つのではありませんか？」と言われたのが、本書をつくろうと思ったきっかけです。

本書の企画を立てるにあたって、国語辞典の編集者や東京大学出身の大学教授といった方々に項目を選出して「このルールを説明できますか？」と聞いてみました。驚いたことに「そんなルールは聞いたことがありません」という答えが多かったのです。

「知っているようで知らない 日本語のルール」は多文化共生社会の中で、親から子へ、子から孫へと伝えるべき大切なルールです。ぜひ、ご家族の団らんの折りの話題にしていただければと思います。

本書の出版にあたって東京堂出版編集部の郷田孝之氏・酒井香奈氏には企画の段階から大変温かい助言をいただきました。心より御礼申し上げます。

2018年1月5日

武蔵野大学名誉教授　佐々木瑞枝

知っているようで知らない　日本語のルール　もくじ

パート1　知らずに使っている日本語の不思議

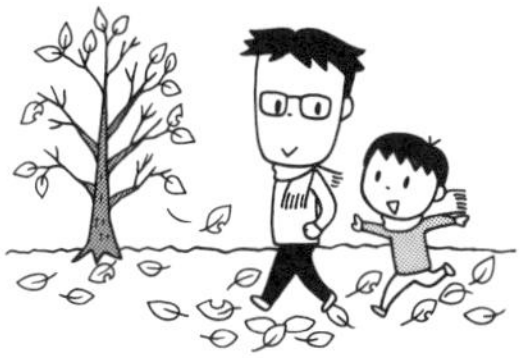

パート2 知っていると便利なものの言い方

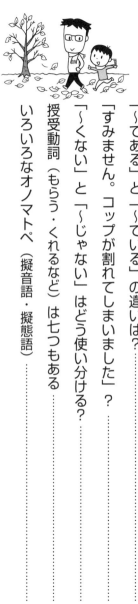

パート3

使い分けが難しい言葉

パート4 日本語力がアップする文法のルール

登場キャラクター紹介

本書では、木村家といっしょに日本語について学んでいきます。木村家や本書に登場するキャラクターを紹介します。

●木村家

●そのほかのキャラクター

パート 1

知らずに使っている日本語の不思議

「これ」「それ」「あれ」の違いは何？

「**これ**」「**それ**」「**あれ**」の違いは何ですか？　この質問をすると、日本人１００人のうち99人が同じ答えをします。「距離の違いですよね」「『**これ**』は近くのもの、『**あれ**』は遠くのもの、『**それ**』はその中間ぐらい」と。「**これ**」と「**あれ**」は合っていますが、じつは、「**それ**」は少し違います。

では、「**それ**」はどのような時に使うのでしょうか。

「あれ」と「それ」の違い

「これ」「それ」「あれ」の使い方の例

会話例

①居間で

おばあさん「ねえ、**それ**は私のメガネよ」

おじいさん「**これ**かい？　**これ**は僕のだよ」

②教室で

和雄「**これ**は誰のカバン？」

薫　「**それ**は私のカバン」

③図書館で

「**この**本は何について書いてあるの？」

「**その**本は宇宙について書いてあるんだよ」

「じゃ、**あの**本が読みたい！」

解説

みなさんは「**これ**／**それ**／**あれ**／**どれ**」「**この**／**その**／**あの**／**どの**」「**こっち**／**そっち**／**あっち**／**どっち**」など、日常的に使っていると思います。でも、「**それ**」をどんなときに使うかがわかる人は、ごくわずかだと思います。もう一度、11ページのおじいさんと和雄くんの会話に注目してください。「**あれ**」は自分と話し相手から遠いものを指すのに対して、「**それ**」は「話し相手に近いもの」（おじいさんのかけているメガネ）を指しています。

話し相手が8メートルも先のエレベーターの前にいるとしましょう。「ねえ、**その**カバン、私のです。**それ**、**それ**です」と思わず叫んでいます。このままだと、エレベーターに乗って自分のカバンを持って行かれてしまうかもしれません。相手が間違えて持って行ったカバンを指して「**その**カバン」「**それ**」と使っています。

「**それ**」は「距離には関係ない」「話し相手に近いものを指す」と覚えておきましょうね。

「あれのことだけどさ」の「あれ」って何？

物の名前を思い出せない時、「**あれ**のことだけどさ」と「**あれ**」をよく使いますよね。どうして「それ」や「これ」ではないのでしょう。

同様にテレビのコマーシャルなどで「**あの**○○さんも使っている」と「**あの**」を使いますよね。コマーシャルですから「物忘れ」ではなさそうです。

どうして「この」「その」ではなく「**あの**」なのでしょう？

パート2
知っていると便利なものの言い方

パート3
使い分けが難しい言葉

パート4
日本語力がアップする文法のルール

「あれ」や「あの」は何？

「あれ」や「あの」などの使い方の例

会話例

①居間で

おじいさん「さっきここに置いたはずなのに、**あれ**どこかな？」

おばあさん「テレビのリモコンなら、ここにありますよ」

②居間で

お母さん「ね、夏休みの計画をそろそろ立てないと」

お父さん「**その**ことだけどさ」

例文

①「**これ**についてご意見はありませんか？」

②「部長、**その**案に賛成です！」

③「先週予約した**あの**ホテル、駅までシャトルバスがあるそうだよ」

解説

「コソアド」といわれる「**これ**／**それ**／**あれ**／**どれ**」「**こっち**／**そっち**／**あっち**／**どっち**」などは、物を指す場合ともう一つ「話し相手とその事柄について認識を共有しているか」、つまりお互いにその事柄について知っているかどうかで、使い分けられます。

物忘れして「**あれ**のことだけど」と「**あれ**」を使うのは、話し相手が「**あれ**」を使ってもわかってくれるだろうという、期待感が込められていると言えます。知らない相手にいきなり「昨日書いた**あれ**のことですが……」と言ったら、「この人は、何を言っているの？　**あれ**って何？」と思われてしまいます。でも昨日書いた手紙のことを知っている話し相手なら「あ、昨日の手紙は、ちゃんとポストに入れておきましたよ」と話が通じるはずです。「**その**」は情報が相手にある場合に使います。「部長、**その**案に賛成です」の「**その案**」は、話し相手である部長の案ということになるのです。もしこの場合「自分の案」なら「**この**案」になり、「全員が知っている案」なら「**あの**案」となります。

夫なのに「お父さん」？ 妻なのに「お母さん」？

和雄くんの家族は元旦には、毎年初詣に行きます。家族そろってワイワイおしゃべり。（お父さん）「和雄、**お母さん**の荷物持ってあげてね」「あ、おじいちゃんの荷物は**お父さん**が持つから」「**お母さん**、お弁当は入れてあるよね」。（お母さん）「**お父さん**、私が忘れるはずないでしょ！」。

この会話を英語に訳そうとすると、じつにおもしろい会話になってしまいます。夫婦がお互いに「**お父さん**」「**お母さん**」と呼び合っているからです。

家族のこと、何と呼ぶ？

「お父さん」や「お母さん」の使い方の例

会話例

①居間で

妻「**お父さん**、財布を忘れてますよ」

夫「あ、ズボンのポケットに入れたつもりなのに。**お母さん**、支度できた？」

②玄関で

夫「**おばあちゃん**、支度できた？」

妻「**おじいさん**、ちょっと待ってね。バッグはどこに置いたかしら？」

③神社で

夫　「**おじいさん**、今年も大勢の参拝者ですね」

和雄「**ママ**、おみくじ買いたい」

妻　「**パパ**、和雄に100円玉をあげてください」

解説

お正月は初詣に行きますか？　我が家では鎌倉の鶴岡八幡宮に行くのですが、毎年大変な人手で、（妻）「**パパ、どこにいるの？**」（夫）「**お母さん、ここだよ**」などと声を掛け合いながら、列を少しずつ前に進んでいきます。ときどき、イギリス人の友人夫婦を誘って初詣に行くのですが、彼らにも中学生の子どもがふたりいるのに、お互いに「ポール」「エミー」と名前で呼び合っていて、微笑ましい感じです。私たち夫婦も名前で呼び合っていたのに、いつから「**お父さん／お母さん**」「**パパ／ママ**」と呼び合うようになったのかな。やはり子どもが幼稚園に行き始めてからだと思います。

そういえば、私たち夫婦の両親のことも、いつからか「**お父様／お母様**」ではなく「**おじいちゃま／おばあちゃま**」になっていきました。

日本語の呼称（呼びかける言葉）にはいろいろありますが、家族を呼び合う時には一番下の子どもの立場に立って呼び合うことが多く、ここでは和雄くんが一番下ですので、和雄くんの目線で「**お父さん／お母さん／おじいさん**（**おじいちゃん**）／**おばあさん**（**おばあちゃん**）」となっていますね。みなさんの両親はお互いをどう呼び合っていますか？

「私」「僕」「俺」「あたし」「わし」自分のことを何と言う?

和雄くんのお父さんは自分のことを言う際、会議の席では「**私**」ですが、友だちと話す時は「**俺**」、でも小学校時代の先生と話す時は「**僕**」と使い分けているみたいです。

おじいさんは自分のことを「**わし**」と言います。何だかサムライみたいですよね。「いつから『**わし**』って言うの?」って聞いたら「**わし**も覚えていない」ですって。

あなたは自分のことを何と言いますか?

自分を指す言葉

自分を指す言葉の使い方の例

会話例

①居間で

お母さん「今度、**あたし**たちだけで一泊二日の温泉旅行でもしましょうよ」

友だち「うちでは、子どもをおいて旅行させてくれないと思う」

②電話で

お父さん「**俺**たち、最近なかなか会えないよな」

友だち「今度、**俺**らだけで釣り旅行でもしないか？」

例文

①「♪**僕**らはみんな　生きている　生きているから
うれしいんだ」

②「♪**僕**らをのせて　シュッポ　シュッポ　シュッポッポ」

③「♪どじょうが出て来て　今日は　**坊ちゃん**一緒に
遊びましょう」

解説

英語の〝I〟（一人称）にあたる言葉を日本語にしようとすると、訳す人は役割に合わせて、**「私／僕／俺／あたし」**などを使い分けなくてはならず、本当に大変です。日本語には「役割語」（役割に沿った日本語）があるからです。

外国のドラマなどは「役割語」に合わせて、日本語に吹き替えられたり、字幕が表示されたりします。アニメ映画でお姫様は「**あたし**」、王子様は「**僕**」となりますが、英語では〝I〟。動物たちまで熊は「**俺の蜂蜜だ**」と「**俺**」を使い、ミツバチたちは「**あたしたちが集めたのよ**」と「**あたしたち**」となっています。

そもそも「**僕**」ってどんな人が使うの？　子どもだから「**僕**」というわけではなく、日本では年配の人たちまで「**僕**」を使います。子どもの頃から「**僕**」を使っているからでしょう。

それに対して、女性の一人称は「**私**」や「**あたし**」が大半で、男性の呼称ほどバラエティーに富んでいません。童謡などの歌詞を見ると、「**僕**」が「**私**」を代用しているのがわかります。ドングリまで「**坊ちゃん**」になっているのはおもしろいですね。きっとドングリは自分のことを「**僕**」と言うのでしょう。

数え方もいろいろ、「一《ひと》つ、二《ふた》つ、三《みっ》つ」「いち、に、さん」？

買い物に行って、八百屋さんでお皿に盛られたりんご「一山《ひとやま》３００円」とか、魚屋さんで「一皿《ひとさら》５００円」とか、「一つ、二つ」という数え方が使われていますね。

でも大根は「一本《いっぽん》、二本《にほん》」、魚は「一匹《いっぴき》、二匹《にひき》」と「いち、に、さん」という数え方をしますよね。どうして日本語には数え方がいろいろあるのか、不思議に思ったことはありませんか？

いろいろな数え方

数え方の例

会話例

①会社で

社員「社長、**一《ひと》つ**お願いがあるんですが……」

社長「なんだね、**一《ひと》つ**でも**二《ふた》つ**でも言ってみなさい」

②家で

お母さん「あなた、今日もゴルフですか？」

お父さん「うん、今日はゆっくり**ワンラウンド**楽しんでくるよ」

③電話で

「○○ホテルですか？　ツインルームを**二《ふた》部《へ》屋《や》**予約したいのですが」

「ご**一泊《いっぱく》**でよろしいですか？」

「それから、レンタカーを**一台《いちだい》**予約したいので、お願いします」

解説

むかしむかし、日本語には「**一つ、二つ、三つ**」を基本とした数え方がありました。でも、中国と交易を始めると中国から「**いち、に、さん**」(日本人にはそう聞こえたのでしょう)という数え方が入ってきました。外来の進んだ文化や言葉を柔軟に取り入れる日本人は両方の数え方を残し、今に至りましたとさ。

というわけで、「**一つ、二つ、三つ**」という数え方を和語系、「**いち、に、さん**」という数え方を漢語系と言いますが、後に続く数詞によって、数え方は違ってきます。例文でも「**二部屋**《ふたへや》」は和語系、「**一泊**《いっぱく》」「**一台**《いちだい》」は漢語系の数え方をしています。

最近では数詞に「**ワンカートン**」「**ワンコイン**」「**ワンボックス**」など外来語が使われる場合、「一」を「**ワン**」と言う数え方も増えています。「たったの**ワンコイン**で買ったのよ」などと日常会話でも「**ワン**」が使われています。この場合の「**ワンコイン**」は500円など硬貨1枚のこと。身の回りの数え方に注意してみるとおもしろいですね。

発音もいろいろ、「分」は「ふん」？「ぶん」？「ぷん」？

駅で次の列車についてのアナウンスが流れています。「次の列車は信号機トラブルのため、3**分**《ぷん》遅れの10時9**分**《ふん》の発車となります」。友人のジムに「たった3**分**の遅れをわざわざアナウンスする日本は、本当に列車の時刻が正確なのですね。ところで3**分**はさん**ふん**？　さん**ぶん**？　さん**ぷん**？」と聞かれました。

たしかに「**分**」には3通りも読み方があって複雑ですよね。

知っていると便利なものの言い方

パート3
使い分けが難しい言葉

パート4
日本語力がアップする文法のルール

「分」のいろいろな発音

発音が変わる数え方の例

会話例

①学校で

先生「体育の後の着替えですが、なるべく10分《ぷん》以内にね」

生徒「シャワーの順番を待つだけで、5分《ふん》もかかることがあるんです」

②電話で

お父さん「うちの時計は、6分《ぷん》ほど進んでいるよね」

お母さん「あなたは遅刻が多いから、5分《ふん》進めてあるのよ」

③庭で

「梅の木にウグイスが1羽《わ》、ホーホケキョ」

「2羽《わ》いますよ。夫婦かな？」

「3羽《ば》、4羽《わ》、家族かな？」

解説

日本語では前に来る数字によって、後に続く助数詞（数え方）の発音が違ってきます。

もちろん、変化しないものもたくさんあります。

●前に来る数字によって発音が変化しないもの

「**一人前**、2**番目**、3**割**、4**時間**、5**年生**、6**台**、7**月**、8**カ国**、9**条**、10**課**、11**ダース**、12**センチ**」など。すべての日本語がこのようであればよいのですが、じつはもっと複雑な規則があります。

●前に来る数字によってP、H、Bと発音が3通りに変化するもの

てんとう虫がいっ**ぴき**、に**ひき**、さん**びき**、のように「**匹**」は「ip**pi**ki, ni**hi**ki, san**bi**ki」と変化します。なぜローマ字で書いたかというと、同様のルールで変化するものがほかにもあるからです。ビールはip**pa**i, ni**ha**i, san**ba**i、ゴルフクラブがip**po**n, ni**ho**n, san**bo**nと、太字の部分がp, h, bと同じように変化していますね。1から10まで書いておきましょう。

1p, 2h, 3b, 4h, 5h, 6p, 7h, 8p, 9h, 10p。不規則に見えて、日本語はじつに規則的なのです。

パート2

知っていると便利なものの言い方

「お」や「ご」の使い方

和雄くんのお父さんは会社の後輩から「お仲人」を頼まれ、今日は結婚式です。「ではご新郎、ご新婦のご入場です」「ご結婚おめでとうございます」「ご両親に心を込めてお礼の花束を」。

会場でも「お近づきの印に」「こちらはお嬢様？」「ご子息はどちらにお勤めですか？」と会話に花が咲いています。

それにしても「お」や「ご」がよく使われていますね。どう使い分けられているのでしょう？

いろいろな「お」や「ご」

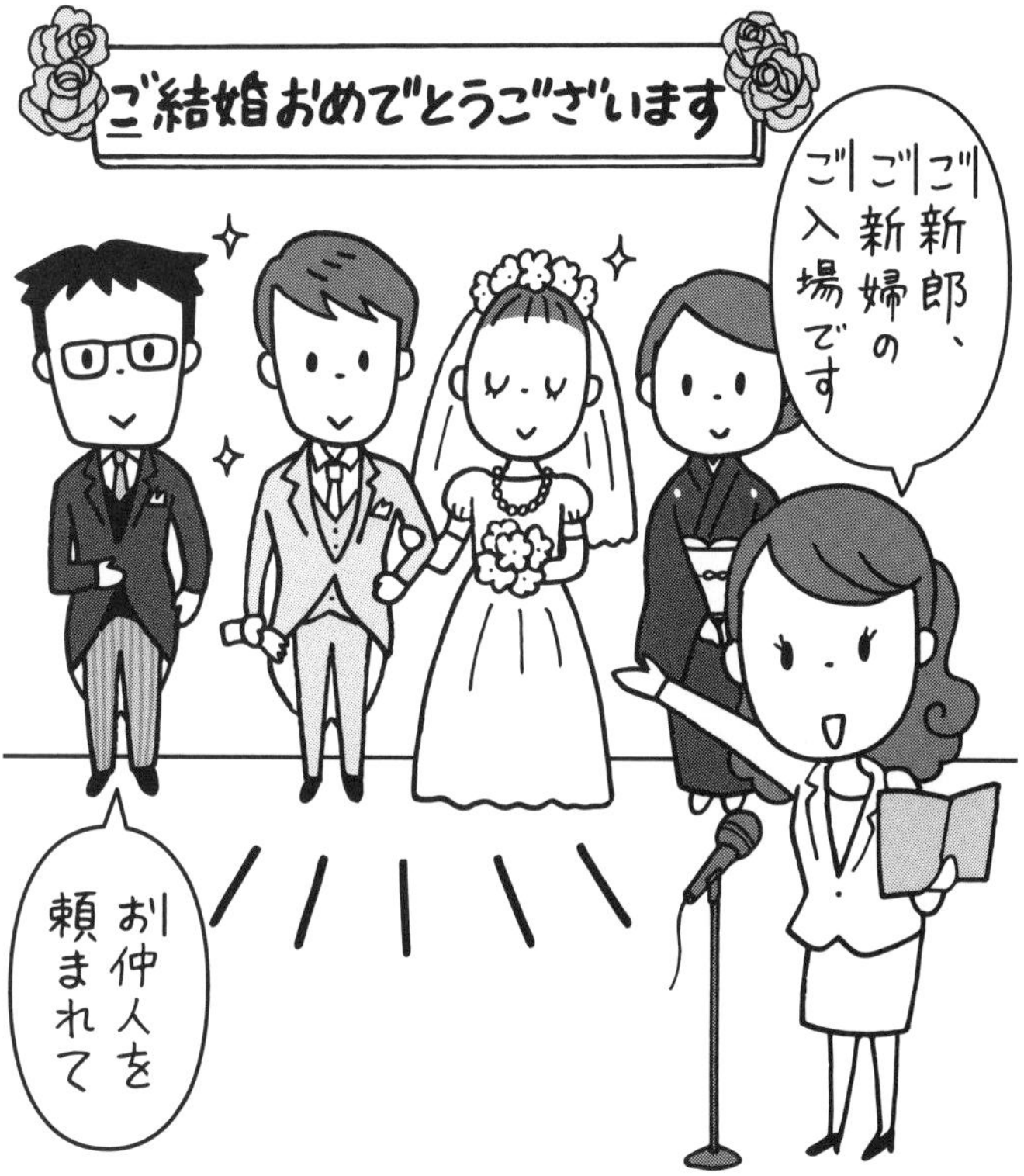
ご結婚おめでとうございます
ご新郎、ご新婦のご入場です
お仲人を頼まれて

「お」や「ご」の使い方の例

会話例

①銀行で

銀行員「今日は**ご**入金と**お**振込ですね。**ご**印鑑を**お**願いします」

お母さん「振込は、今日中にできますよね？」

②居間で

お父さん「ねえ、何か**お**つまみはない？」

お母さん「あなた、**お**酒の飲み過ぎよ。**ご**飯も食べてね」

例文

①「結婚祝いに**お**花を買いましょうね」

②「**ご**祝儀をいただいたので、おいしいものでも」

③「カロリーは控えめに、でも**お**食事は豪華に！」

解説

結婚式では、司会者が「ご新郎、ご新婦のご入場」と言い、参列者は「お祝いを申し上げます」と言うなど、たくさんの「ご」や「お」が使われます。この「ご」や「お」は美化語と言われ、この場合は相手への尊敬の気持ちも込もっていますが、敬語とはちょっと違った役割を演じています。話し手が自分の言葉遣いの品位を保つために使っているのです。

和語（訓読みの語）には「お」がつき、漢語（音読みの語）には「ご」がつくというルールがありますが、美化語のつきやすい語とつきにくい語があります。

日常で使う語には「お」がつく語が多く、「お箸」「お湯飲み」は和語で原則通りです。しかし、「お茶碗」や「お椀」「お紅茶」など音読みする漢語でも日常で使う語には「お」がよく使われます。昔は料理番組で「お大根」「お茄子」などと言っていたものですが、最近ではこの「お」の登場が少なくなっています。外来語には美化語がつきにくいのですが、「おビール」などと言う人もいますね。美化語の使い過ぎはかえって品位を下げてしまう場合もあるので要注意です。

「～ね」と「～よ」は大違い？

「どうして君は、そんなに生意気なんだ」。また先生がJくんを叱っています。どこが生意気に見えるの？「掃除当番なら、ちゃんとします**よ**」「図書館には期日までに本を返します**よ**」。どうも先生はJくんの話し方が気になるようです。僕だったら「掃除当番、ちゃんとします**ね**」「図書館には期日までに本を返します**ね**」とにっこりしながら言うのに。

「**よ**」を「**ね**」にするだけで、先生の笑顔が見られると思うのですが……。

「〜よ」は生意気？

「～ね」と「～よ」の使い方の例

会話例

①玄関先で

お母さん　「良いお天気です**ね**」

隣の家の人「本当です**ね**。洗濯物が早く乾きそう」

②会社で

部長「今夜は残業だ**よ**」

社員（心の中で）「そんなことは、言われなくてもわかっています**よ**」

例文

①「どうして遅れたの**よ**」

②「いつ彼女に会ったの**よ**」

③「出張は、誰と一緒だったの**よ**」

解説

「今日は天気が良い」。日記などではこの文章で良いのですが、会話に使う時は話し相手に対して「天気が良いです**ね**」とか「天気が良いです**よ**」と、最後に「**ね**」や「**よ**」の終助詞をつけるほうが自然です。でも「**ね**」と「**よ**」ではニュアンスがだいぶ違います。

たとえば、夫が妻に「天気が良い**ね**」と「**ね**」を使う場合は相手に同意を求めたり、天気が良いのを喜んでいる気持ちを伝えたりしますが、「天気が良い**よ**」と「**よ**」を使うと、「天気が良いのに、なぜ洗濯物を外に干さないの？」などのように相手の行動を批判的に見たり、不満に思ったりする気持ちが出てしまいます。

部長に「今夜は残業だ**よ**」と言われると部下としては反発したくなりますが、「今夜は残業だ**ね**」と言われると「がんばってね」と言われたような気持ちになり、「はい、がんばります」と答えてしまうかもしれません。

「**よ**」は、「どうして」「いつ」「誰と」「何を」などの疑問詞と一緒に使われると、ひどい詰問調になってしまいます。絶対に使わないでください**ね**。

「ねこふんじゃった」の「～じゃった」はどういう意味？

ピアノで「♪ねこ　ふん**じゃった**　ねこ　ふん**じゃった**」と弾けますか？　有名な曲ですが、それにしても「ねこふん**じゃった**」の「**じゃった**」って何でしょうね。

これは「ねこをふん**でしまった**」を短くした言い方ですが、では「ねこをふん**でしまった**」の「～**で（て）しまう**」には、どんな意味が隠されていると思いますか？

「〜じゃった」の意味は

「〜てしまう（〜ちゃう）」の使い方の例

会話例

①居間で

お母さん「宿題はちゃんとしたの？」

和雄「とっくにし**ちゃった**よ。だからゲームをしても良いでしょ」

②玄関で

お父さん「どうしたの？　何か探し物？」

お母さん「どうしよう。父の形見の大切な時計を落とし**ちゃった**」

例文

①「ここのコーヒーはおいしいので、つい立ち寄っ**てしまう**んだ」

②「館内が撮影禁止だって知らなかったので、さっき写真を撮っ**ちゃった**」

③「もうこのビデオは観**ちゃった**から､新しいのを買って!」

解説

学校の宿題やレポート、原稿など提出期限があるものはたくさんあります。一体どれだけの人が「とっくにして**てしまいました**（し**ちゃった**）」と言えるでしょうか？

この「し**てしまいました**（し**ちゃった**）」は「行為が完全に行われたこと」を強調しています。ですから、ガールフレンドに映画に誘われて「その映画なら昨日ひとりで見**ちゃったよ**」と答えた場合、「映画を見るという行為が終わっている」ことを言っていますが、じつはもう一つ、隠された心理があります。

「今日誘ってもらえるのなら、昨日ひとりで見なければ良かった」という「残念・後悔の気持ち」を表しているのです。「大切な時計を落とし**ちゃった**（落とし**てしまった**）」の「〜**てしまう**」には、「残念・後悔」の気持ちが込められています。また「ついスリッパを履いたままロビーに出**てしまった**」のように、副詞の「つい」と一緒に使われると「意識をしないまま何かをし**てしまう**」という表現になります。

みなさんはどんな時に「〜**てしまう**（〜**ちゃう**、〜**じゃう**）」を使っているのか、考えてみるとおもしろいですね。

「～てある」と「～ている」の違いは？

友だちの家で「お湯はわかし**てある**のでお茶にしましょう」「冷蔵庫にスイカも冷やし**てある**から食べてね」と言われ、僕は「ありがとうございます」と言いました。

でも、家ではお母さんはいつも「お湯はわい**ている**よ」と言うし、スイカだって「冷え**ている**よ」と言います。

「冷やし**てある**」と「冷え**ている**」、一体どう違うの？

「〜てある」と「〜ている」の違い

「〜てある」と「〜ている」の使い方の例

会話例

①家で

おじいさん「高校の同窓会は楽しかった？」

おばあさん「ええ、私たちの高校時代の写真が飾っ**てあって**ね」

②会社で

部長「昨日の会議資料は、隣の課にもまわし**てある**？」

社員「あ、もうまわっ**ています**から」

③道で

「昨日の台風はすごかったね。大木が倒れ**ている**よ」

「いや、倒木の恐れがあるので倒し**てある**んだって」

「倒れた大木をそのままにし**ている**のかと思った」

解説

友人に「妻の言葉がときどき棘々《とげとげ》しく聞こえるんだよ」と言われたことがあります。「ただいま」と帰ると、「夕食つくっ**てある**し、ビールも冷やし**てある**し、お風呂もわかし**てある**し、どうして帰りが遅いの」と奥さんに言われたそうです。こっちは仕事して満員電車に揺られて、やっと自宅に帰ったらこれでしょ。せめて「お帰りなさい。ビールが冷え**ています**よ」くらい言ってほしい、とグチをこぼすのです。

「ビールを冷やし**てある**」と「ビールが冷え**ている**」のはどう違うのでしょうか？　そもそもビールが勝手に冷蔵庫に入るわけではないので、「冷える」という自動詞を使うのはおかしいのですが、日本語では自然な表現です。それに対して「ビールを冷やし**てある**」は「冷やす」という他動詞が使われています。「冷やし**てある**」からには「誰かが冷やした」、「家の中で冷やす人は私だけ」、この言葉の後ろに「私があなたのために、冷やしてあげたのよ」という見えない台詞《せりふ》が隠されているようです。友人がグチるのも、その「見えない台詞」を感じているからかもしれませんね。

「すみません。コップが割れてしまいました」？

学生がファミレスでアルバイトしていた時のことです。うっかりコップを落としてしまい、「すみません。コップ**が割れてしまいました**」と、すぐ店長に謝りました。しかし店長はちょっとムッとした感じで「その謝り方はないだろう」と返事をしました。なぜだかわかりますか？

「コップを割ったのはその学生ですから、「コップ**を割ってしまいました**」と謝るべきでしたよね。

「割れてしまいました」はだめ？

自動詞と他動詞の使い方の例

会話例

①玄関で

お父さん（ドンドン）「早くドアを**開けて**よ」

お母さん「鍵はかかってないから、ドアは**開く**はずだけど」

②お化け屋敷で

和雄　「こわいよ、ロウソクの明かりが**消えた**」

友だち「こわくない、**消えた**んじゃなくて、誰かが**消した**んだよ！」

例文

①「今日の授業でも**当たりそう**」（自動詞）
「先生はかならず君を**当てる**ね」（他動詞）

②「湿度が高くて、洗濯物が**乾く**のが遅い」（自動詞）
「どうやって**乾かそう**か」（他動詞）

③「台風で木がたくさん**倒れた**そうだよ」（自動詞）
「**倒す**のは無理な大木なのにね」（他動詞）

解説

うっかりコップを落として割ってしまった時、みなさんならどう謝りますか？「すみません、コップ**が割れて**しまいました」の「割れる」は自動詞で、まるでコップにヒビでも入っていて、何もしないのに自然に割れたような印象です。それに対して「すみません。コップ**を割って**しまいました」の「割る」は他動詞で「私が割ってしまった」という意味が込められます。ですから当然、謝る時は「**割って**しまいました」と他動詞を使うべきです。学生が店長に叱られたのも無理はありませんね。

54ページの例文では、授業の例を出しましたが、「当たる」（自動詞）と「当てる」（他動詞）は「矢**が当たる**／矢**を当てる**」のような使い方もします。

「**閉まる**」（自動詞）と「**閉める**」（他動詞）なら、「タクシーのドア**が閉まる**／タクシーのドア**を閉める**」という使い方をします。日本のタクシーは自動ドアなので、お客さんがドアを閉めなくてもドアは閉まりますが、外国では自分でドアを閉めます（私はよくドアを閉め忘れますが……）。おもしろい習慣の違いですね。

「〜くない」と「〜じゃない」はどう使い分ける？

お父さんもお母さんも外出中、僕がひとりで留守番していると友だちが遊びに来て「ねえ、ひとりで寂しく**ない**の？」と聞きました。「寂しく**ない**よ」とちょっと強気に答えたのに「本気**じゃない**でしょ？　涙が出てるよ」って言われちゃった。

ひとりで留守番だと楽し**くない**し、冷たい食事はおいし**くない**し、みんな、早く帰って来てね。

「〜くない」と「〜じゃない」の使い方

「～くない」と「～じゃない」の使い方の例

会話例

①会社で

社員「やっと家を建てました。あまり広**くはない**んですが」

社長「立派**じゃない**か！　まだ30代なのに大したものだよ」

②買い物の帰り道で

お母さん「荷物重**くない**？　だいじょうぶ？」

和雄「だいじょうぶ**じゃない**かも。右手がしびれてきちゃった」

例文

①「あのう、音楽うるさ**くない**ですか？」

②「その服装は、ちょっと派手**じゃない**？」

③「この店、おいし**くない**し、おしゃれ**じゃない**し……良いところがない」

解説

ひとりで留守番している和雄くんに、薫ちゃんが「寂し**くない**?」と聞いています。日本語では「寂しい?」と直接聞くよりも、「寂し**くない**?」と否定形である「~**ない**?」を使ったほうが、相手の気持ちを配慮していておもいやりのある表現となります。「その服、派手ね」と言われたら、お母さんは「失礼な」ときっと腹を立てるでしょうが、「派手**じゃない**?」と否定の「**じゃない**」をつけて聞かれると「そうかなー、色が派手かもしれない」と着替えるかもしれません。

ですから、お年寄りが荷物を重そうに持っていても「重そうですね」と言うよりも「重**くありません**か?」と疑問の形で聞いたほうが相手の気持ちに沿うことができます。「寂しい」「重い」などの「イ」で終わる形容詞は「~**くない**」の形をとり、「立派な」「派手な」のように後に「ナ」がつく形容動詞は「~**じゃない**(~**ではない**)」の形をとります。もっと丁寧に答える場合は「寂し**くありません**」「派手**ではありません**」となります。あなたはどの形を使いたいですか?

授受動詞（もらう・くれるなど）は七つもある

あなたは「猫に餌を**やる**」と言いますか？　それとも「**あげる**」と言いますか？　最近は「**あげる**」と言う人が多いみたいですね。目上の人には「誕生日プレゼントを**差し上げる**」と言いますよね。

両親から毎年誕生日プレゼントを**もらいます**か？　両親はプレゼントを**くれます**か？　この「**もらう**」と「**くれる**」の違いについても考えてみましょう。

「もらう」や「くれる」の違い

七つの授受動詞

授受動詞（くれる、など）の使い方の例

会話例

①居間で

和雄　「お母さん、猫に餌を**やってくれた**？」

お母さん「さっき、お父さんが**あげていた**わよ」

②居間で

お父さん「今年は、部長へのお歳暮に、何を**差し上げよう**か？」

お母さん「去年は部長からハムの詰め合わせを**いただいている**し……」

例文

①「重い荷物を**運んでいただいて**、ありがとうございます」

②「写真を**撮ってくれて**ありがとう」

③「お父さんに新しいカメラを**買ってもらった**んだ！」

解説

「どうして日本語には、英語のgiveにあたる言葉が七つもあるんですか？」。外国人に日本語を教えていると、かならずと言って良いほど聞かれる質問です。61ページの下のイラストのように、日本語には人にものを渡す時の表現が七つもあります。

「どれか代表的な言葉を一つ教えてください」と言われたこともあります。

簡単に説明するために、人形を使いながら「自分や自分の家族が相手に**あげる**、目上の人には**差し上げる**、動物や目下の人には**やる**」と教えます。

「（私は）友だちからプレゼントを**もらう**、先生からプレゼントを**いただく**」、「（友だちが）プレゼントを**くれる**」、「（先生が）プレゼントを**くださる**」、友だちや先生の人形を使いながら、プレゼントは行ったり来たり。「では、**『くれる』**と**『もらう』**の違いは、主語の違いですね」と気づいてくれる人もいます。

しかも、日本語ではこの七つの授受動詞の前に「動詞＋て」の形がよく使われるのです。

「わかって**もらえました**か？」

いろいろなオノマトペ（擬音語・擬態語）

落ち葉を踏みしめて歩いたことがありますか？　どんな音がしますか？　「**カサカサ**」「**カサコソ**」と、乾いた音ですよね。

では、雨に濡れた落ち葉の上を歩いた時はどんな様子ですか？　梅雨の雨の様子を「**しとしと**」と言いますが、濡れた落ち葉は「**じとじと**」と言います。濁音になるとちょっと嫌な響きになると思いませんか？

いろいろなオノマトペ（音や様子）

オノマトペの使い方の例

会話例

①居間で

和雄　「誰かが階段を**トントン**上がってくるよ」

お母さん「ドアを**ドンドン**叩く音も聞こえるけど、お父さんが鍵を忘れたのかな？」

②居間で

お父さん「あなた、今夜は星が**きらきら**しているわね」

お母さん「そうだね。でも、あそこで**ぎらぎら**しているのは猫のミケの目？」

例文

①「風車がまわる音は**カラカラ**、声が枯れて**ガラガラ**声」

②「彼女の髪はいつも**さらさら**、でも僕の手はいつも**ざらざら**」

③「春の風は**そよそよ**、台風の時の雨は**ザーザー**」

解説

日本語のオノマトペ（擬音語・擬態語）は非常に豊かで、それだけの辞典があるほどです。英語訳された日本のコミックを見ていたら、「**シーン**」というカタカナが出てきて驚いたことがあります。日本のコミックの「静まり返った雰囲気」を表す「**シーン**」が上手に翻訳できなかったのでしょう。

オノマトペの言葉の音には特徴があります。カ行音には乾いた固い音が多く、靴音の「**コツコツ**」や枯れ葉の「**カサカサ**」などがあります。サ行音には快く、時に湿った感じを表すものが多く、「**さらさら**」「**しっとり**」など。タ行音には強く男性的な音が多く、「**てくてく**」「**ドンドン**」など。ナ行音は「**ねばねば**」「**ぬるぬる**」など粘る感じを表すものが多く、ハ行音は軽く抵抗感のない「**ひらひら**」「**ふわふわ**」といった感じを表すものが多くあります。マ行音は「**ミシミシ**」「**めろめろ**」「**メーメー**」など動作がゆっくりな感じを表すものが多く、ヤ行音は「**ゆる**（キャラ）」「**よろよろ**」「**よちよち**」など、やさしい、弱くもろい感じを表すものによく使われます。

オノマトペは「**どんどん**」つくり出されていて、環境や時代によっても使い方が変わってくる可能性が高いので、どんな造語ができるのか楽しみです。

パート3

使い分けが難しい言葉

「います」と「あります」はどう使い分ける？

「部屋にはベッドと机が**あります**」「あ、ベッドの上には猫が**います**よ」。

私たちは何気なく「**あります**」と「**います**」を使い分けていますが、さて、どう使い分けているのでしょう？

植物なら「窓の前には観葉植物の鉢植えが**あります**」ですよね。花や植木に「**います**」を使う人はいないはず。

では、猫と植物の違いは何でしょう？

「います」と「あります」の違い

「いる」と「ある」の使い方の例

会話例

①教室で

友だち「君に美人のお姉さん**いる**でしょ？」

和雄「え、**いない**よ。美人の猫なら**いる**けどね」

②電話で

お母さん「冷蔵庫の中に手づくりハンバーグが**ある**から」

お父さん「君が**いない**のなら、外食するよ」

例文

①「魚屋さん、そこに**ある**大きな魚は何？」

②「わー、この池、たくさん鯉《こい》が**いる**ね」

③「お巡りさん、大変です。壁の向こうに死体が**あります**」

解説

「**います**（**いる**）」「**あります**（**ある**）」を私たちは上手に使い分けています。「うちには黒猫が**いて**ね、それがとても可愛いんだ」と言う時に「猫が**あって**ね」と言う人はまずいないでしょう。魚屋に並んでいる魚は「おいしそうな鰹《かつお》の切り身が**ある**ね」と言いますが、池の鯉は「**いる**」と言います。勘の良い方なら「ああ、生きているものには『**います**』で、死んでいるものや、植物などの動かないものには『**あります**』と、日本語では使い分けるのだな」とわかりますよね。

これが英語ですと「There is ~」「There are ~」と単数と複数の使い分けはあっても、後に続くものが「生きているか死んでいるか」で使い分けたりしません。

人の場合も同様です。「西郷さんならあそこに**います**よ」と言う場合は「西郷さん」という名前の人を指し、「西郷さんならあそこに**あります**よ」と言ったら、西郷隆盛の銅像を指していることがわかるでしょう。

例外としては、「あ、あそこにタクシーが**いる**」と車を指して「**いる**」を使うことです。これはタクシーを「擬人化」して生きているものとしてとらえているからでしょうね。

「〜です」と「〜ます」はどう使い分ける？

「私は会長**である**」「ビールよりもワインが好き**だ**」といった文章は「**である**体」です。それに対して「私は小学生**です**」「毎朝7時に起き**ます**」は「**です・ます**体」といわれます。

では、「**です**」と「**ます**」に使い分けはあるのでしょうか。使い分けは、その前に来る言葉によるようです。

「〜です」と「〜ます」の違い

私は小学生です
毎朝7時に起きます
え?
品詞によって「です」「ます」を使い分けるって教わってないよな

「〜です」と「〜ます」の使い方の例

会話例

①教室で

先生「みなさん、明日は参観日**です**」

和雄「僕のお父さんも来**ます**よ」

②教室で

お父さん「和雄の父の木村**です**。授業中に手をあげて
い**ます**か？」

先生「木村くんは、よく発言し**ます**よ」

例文

①「ボーナスが出たら新車を買い**ます**」

②「エンジンは大きい割に音が静か**です**」

③「ドライブレコーダーがすべて記録し**ます**」

解説

どの品詞の後に「**です**」が来て、どの品詞の後に「**ます**」が来るか考えてみましょう。

75ページと76ページの例で「**ます**」が使われているのは「起き**ます**」「来**ます**」「買い**ます**」「記録し**ます**」とどれも動詞ですが、動詞以外には「**ます**」は使われないのでしょうか。「い**ます**」「あり**ます**」は「存在動詞」で動詞の仲間です。では「このランドセルは、重過ぎ**ます**」は？　「重い」（形容詞）＋「過ぎる」（動詞）のように、ほかにも「速過ぎ**ます**」（時間の経過）や「すご過ぎ**ます**」（物事が程度を超えている）などがよく使われますが、やはり「過ぎる」が動詞なので「**ます**」が使われています。

「**です**」が使われる代表的な品詞は名詞（文例：「木村**です**」）や形容詞、形容動詞で、「好き**です**」「きらい**です**」「家は広い**です**」のように広く使われます。「これ／それ／あれ」のような代名詞も文末は「**です**」になりますね。普段意識していなくても「**です**」と「**ます**」をちゃんと使い分けている私たちの脳はすごい**です**！

「で」の使い方いろいろ

教え子の留学生から電話が来ました。「先生、今どちらですか?」「長野にいますよ」「友だちとふたり**で**そちらに行ってもいいですか?」「大歓迎よ」「車**で**行きます。ネット**で**調べていきますから、だいじょうぶです」「車なら3時間**で**来られますよ」。

短い会話にたくさんの「**で**」が使われていますね。日本語の「**で**」の使い方には、じつに多様な表現があるのです。

いろいろな「で」

「で」の使い方の例

会話例

①式場で

仲人「社長、祝辞は５分**で**お願いします」

社長「外国人もいるから英語**で**どうかね」

②教室で

和雄「お母さんは、ステーキを炭火**で**焼くんだよ」

薫　「いいね、うちはオーブン**で**焼くのよ」

③道で

「日本の家は木と紙**で**できているそうですね」

「いいえ、今はほとんどの家はコンクリート**で**できていますよ」

「ところで、豆腐やみそ、醤油は大豆**で**できているんです」

解説

「ネット**で**調べました」のように現在はネット社会と言われますが、みなさんは新しい情報をどこで得ていますか？　「新聞**で**」「ラジオ**で**」「掲示板**で**」のように「情報源」には「**で**」が使われます。

ほかの例もみてみましょう。

・「英語**で**話す」「日本語**で**発表する」「漢字**で**書く」（コミュニケーションする時の媒介となるものの「**で**」）

・「新幹線**で**行く」「バス**で**」「自転車**で**」「徒歩**で**」（乗り物の「**で**」）

・「鍵**で**開ける」「ナイフとフォーク**で**食べる」（道具の「**で**」）

・「校庭**で**」「図書館**で**」「東京駅**で**」「ニューヨーク**で**」（場所の「**で**」）

・「生徒全員**で**」「3人**で**」「ひとり**で**」（動作をする人数の「**で**」）

・「1時間**で**宿題を終える」「3時間**で**読む」（時間内に終わったという「**で**」）

このほかにも「お父さんは65歳**で**会社を退職する」のように、それまで続いて来た事柄を終えるときにも「**で**」を使います。お父さん、もっと働けるのにね！

「の」の使い方いろいろ

「それ僕**の**アイスクリームだよ」。駅前**の**アイスクリーム屋さんには、バニラ**の**アイスクリームやいちご**の**アイスクリームなど、いろいろな種類が並びます。

店員**の**お姉さんはいつもにこにこ、お父さんもお姉さんのことを「笑顔**の**美しい人」と言っています。

あ、いけない、いちご**の**アイスクリームがとけそう！

いろいろな「の」

「の」の使い方の例

会話例

①会社で

社員「それ、部長**の**パソコンですが……」

社長「どうりでパソコン**の**パスワードが合わないわけだ」

②通学路で

和雄　「君**の**お父さんはいつも早く帰ってくるね」

友だち「定時退社が会社**の**規則なんだって」

例文

①「空**の**青さがいいねえ！」

②「まるで詩人**の**言葉だ」

③「鳥**の**さえずる声が目覚まし時計なんだよ」

解説

英語を習うと、my（私の）や your（あなたの）は「所有（持ち主）の意味」だと説明されます。「これは私**の**本です」「それはあなた**の**ペンです」などの文章を「変な日本語だな」と感じたのを覚えています。今から考えてみると、いちいち自分の本を指して「私**の**本」などと言うことはないし、「あなた**の**ペン」もおかしい表現ですよね。

「**の**」は「所有」を表すほかにも「店員**の**お姉さん」のように立場を表したり、「笑顔**の**美しい人」のように内容や性質を表したりします。

「**の**」は、時には「が」の代わりもします。「空が青い」と「いいなあ」という二つの内容を一つにすると「空**の**青さがいいなあ」と、「**の**」を使って「が」が二度続けて使われるのを避けています。「鳥がさえずる声」「目覚まし時計」の二つを一つの文にする時も「鳥**の**さえずる声が目覚まし時計」と「が」を「**の**」に変えることで、文章として落ち着いたものになるのです。

「が」と「は」はどう使い分ける？

学生がベンチで肩を寄せ合い、何かを話しています。「ねえ、あなたの誕生日**は**いつ？」「9月9日だよ。いつ**が**君の誕生日？」「3月3日、ひな祭りの日なの」「じゃ、もうすぐ誕生日だね。何**が**欲しい？　ねえ、欲しいもの**は**何？」。仲の良さそうなふたり、どちら**が**先に声を掛けたのでしょうね。先に声をかけたの**は**どちら？

「**が**」と「**は**」の使い分け、わかりましたか？

「が」と「は」はどう使い分ける？

「が」と「は」の使い方の例

会話例

①会社で

部長「ところで結婚式**はいつ**なの？」

社員「じつは**いつが**結婚式をお知らせするのに良い時期か、迷っていたんです」

②居間で

お父さん「**誰が**このお歳暮を贈ってくれたの？　木村さん？」

お母さん「ええ、そうなの。ところでお歳暮**は誰に**贈りましょうか？」

③不動産会社で

「結婚後の新居は、**どこが**住みやすいでしょうね？」

「都心から30分以内で住みやすいの**はどこ**かなー？」

④電話で

「ふたりにとって**何が**重要なの？」

「重要なの**は何**？」

解説

日本語の中でも「**が**」と「**は**」の使い分けは難しいと言われます。でも、よく考えてみると、「**が**」と「**は**」の使い分けには明確なルールがある場合があります。例文で挙げたような「**いつが**誕生日？」の「**いつ**」や「**何が**欲しい？」の「**何**」、「**誰が**このお歳暮を贈ってくれたの？」の「**誰**」などの疑問詞と一緒に使われる「**が**」と「**は**」は、疑問詞が前に来るか後に来るかによって使い分けられるのです。

- 「**いつが**卒業式ですか？」「卒業式**はいつ**ですか？」
- 「**何が**記念品ですか？」「記念品**は何**ですか？」
- 「**誰が**スピーチをするのですか？」「スピーチをするの**は誰**ですか？」
- 「**どこ**で二次会**が**あるんですか？」「二次会**はどこ**でありますか？」

このように疑問詞が前に来る場合は「**が**」、後に来る場合は「**は**」を使います。これでもう「疑問詞と一緒に使う時は……」と説明できますね。

説明すると「は」になる不思議

小学生のとき、理科の授業で「月の満ち欠け」について勉強したと思います。「月**は**新月、上弦、満月、下弦と満ちたり欠けたりします」「月**は**だいたい30日の周期で満ち欠けします」「月**は**自ら光る天体ではなく、太陽の光を反射して輝いています」。

不思議なことに、月についての説明文を書こうとすると、すべて「〜**は**」となります。「〜**が**」が使われる場合と、どんな違いがあるのでしょうか。

説明するときは「月は～」

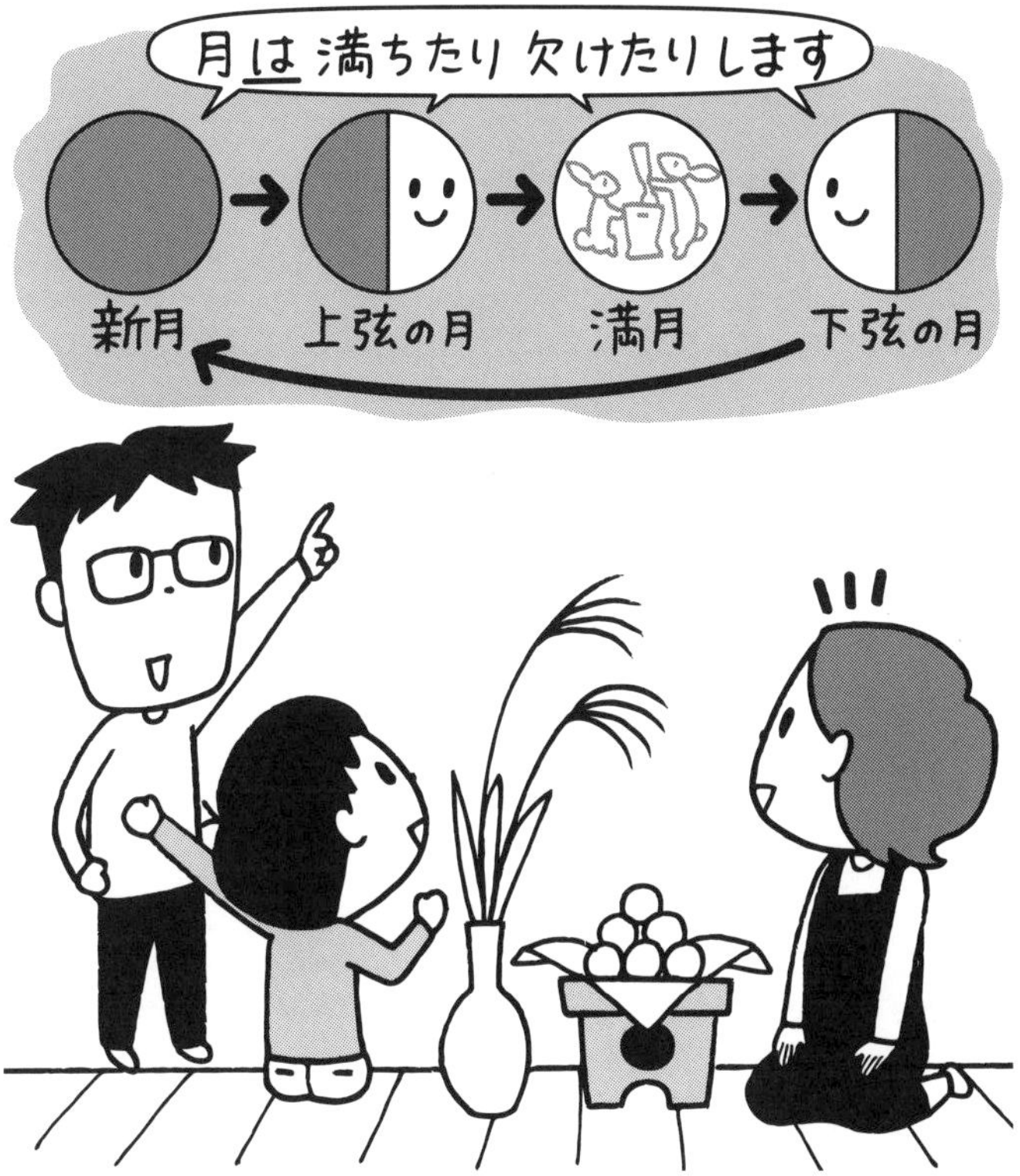

「が」と「は」の使い方の例

会話例

①庭で

お父さん「ほら、月**が**出たよ。真ん丸だね」

和雄「わー、まぶしい。月**が**光ってる。ウサギの餅つきも見える！」

②校庭で

生徒たち「暑い。アイスクリーム**が**とけちゃう」

先生「だいじょうぶ。木陰にいるのでアイスクリーム**は**しばらくとけませんよ」

③林間学校で

「ハチ**が**飛んでいる。危ない」

「ハチ**は**手出しをしなければ刺しませんよ」

「スズメバチ**は**毒針を持っています。危険なので近づかないでね！」

解説

みなさんは十五夜の夜、お月見をしますか？　月を見る習慣**は**中国から伝わったもので、日本各地でも「お月見コンサート」などがありますね。

「月を見る習慣**は**」と「**は**」を使ったのは、この文章が説明文だからです。みなさんも何かについて説明してみると、「～**は**」と言っていることに気がつくはずです。

●「は」は説明文

・月**は**満ちたり欠けたりします。

・ハチ**は**手出しをしなければ刺しません。

それに対して「**が**」はどうでしょう。「月**が**出た」は描写文、「アイスクリーム**が**とけちゃう」は現象文（どんな現象が起きているか）です。

●「が」は描写文と現象文

・新幹線**が**ホームにすべり込みました。かっこいい！

・お腹**が**すいた。腹ぺこだ。食事を知らせるベル**が**鳴る。

ね、「**は**」と「**が**」の使い分け、おもしろいでしょう？

時間の「まで」と「までに」はどう違う？

「お父さん、何時**まで**寝ているつもりかな？　一緒にキャッチボールをする約束だったのに」。お母さんは諦めたように「11時**までに**は起きるわよ。お腹も空くでしょうし、テレビでゴルフの番組が始まるから。それに、昨夜は遅く**まで**仕事だったのよ」「じゃ、お父さんが起きる**まで**待つよ」「そう、それ**までに**宿題をしておきなさいね」。

この「〜**まで**」と「〜**までに**」は何が違うのでしょう。

「〜まで」と「〜までに」の違い

「～まで」と「～までに」の使い方の例

会話例

①会社で

社員「明日の朝**までに**、資料はそろえておきます」

部長「明日は朝９時から午後５時**まで**役員会なんだ。よろしくね」

②居間で

和雄「お母さん、セールは今日**まで**だって」

お母さん「閉店時間**までに**行かなくちゃね」

例文

①「平日は朝６時**までに**起きて、夜12時**までに**寝ます」

②「週末は朝は目が覚める**まで**寝て、眠くなる**まで**起きています」

③「朝食は平日は朝７時**までに**食べますが、休日は夕方**まで**食べないこともあります」

解説

「週末だけでも、目が覚める**まで**寝かせてくれないか」とお父さん。気持ちはよくわかります。「目が覚める**まで**寝る」、つまり「寝る」のは「寝てから目が覚める**まで**動作がずっと続く」ことを意味していますよね。「夕食の後、寝る**まで**ゲームに夢中だった」、この場合も数時間ゲームを続けていたことになります。「**まで**」は「動作の継続」に使われるのです。「朝から晩**まで**勉強した」のように「から〜**まで**」と「から」と一緒に使うこともできます。

それに対して「**までに**」はどうでしょうか？

・「閉店**までに**買い物する」（お店が開店している間のどこかの時点で）

・「夏休みが終わる**までに**レポートを書き上げる」（夏休みは一カ月以上ありますが、そのどこかの時点で）

「**までに**」は「ある一定の時間帯の中のどこかの時点」を表し、「〜**まで**」のように動作の時間は継続しません。「30歳**までに**は結婚したいと思っています」とは言えても、「30歳**まで**結婚したいと思っています」とは言えませんよね。

時間を表す「間《あいだ》」と「間に」はどう違う？

日比谷公園の池には大きな鯉がたくさんいて、留学生たちは鯉に夢中です。空には虹が出ていたのに、みんなが鯉に見とれている**間に**、虹は消えてしまいました。残念！　みんなが鯉に見とれている**間**、桜ははらはらと散って池に花びらを散らし、私は座って本を読んでいました。

さて、「**間**」と「**間に**」はどう使い分けられていると思いますか？

「間」と「間に」の使い方

みんなが鯉に見とれている間

みんなが鯉に見とれている間に

「間」と「間に」の使い方の例

会話例

①会社で

部長「ランチタイムは 12 時から 13 時の**間**とします」

社員「ランチタイムの**間に**息子にプレゼントを渡さなくちゃ」

②大学で

留学生「先生、桜が咲いている**間に**お花見に行きましょう！」

先生「そうね、キャンパスは桜が咲いている**間**が一番きれい！」

例文

①「留守の**間**、猫の餌やりをよろしくお願いします」

②「どうしよう！　留守の**間に**泥棒に入られちゃった」

③「夫が出張で留守の**間に**、夫の部屋の整理をしておこうと思うの」

解説

みなさんは日比谷公園に行ったことがありますか？　私は散歩の**間**、木々に見とれてしまうことがよくあります。でも散歩の**間に**どこかにスマホを置き忘れたことがあり、大慌てしたことも。お金を落としたことよりもショックでした。

さて、この「散歩の**間**」と「散歩の**間に**」の使い分けですが、どうも後に来る文章によって私たちは使い分けているようです。

●間
・～の**間**、私は本を読んでいた。
・～の**間**、猫の餌やりをしていた。

「**間**」が使われる文の後には、継続的な動作や状態が来ます。もっとも「猫の餌やり」は留守番が終われば終わるわけですが、「留守の間はずっと」ですから、やはり継続的ですよね。

●間に
・～の**間に**、虹は消えてしまった。
・～の**間に**、泥棒に入られた。

「**間に**」が使われる文の後には一回かぎりの出来事がきます。虹が出るのも、泥棒に入られるのも、たいていは一回かぎりですよね。

「ところ」って何？

「所《ところ》」と漢字で書くと「住んでいる所」「去年夏休みに行った所」など、場所を表しますね。でも「**ところ**」には別の使い方もあります。

　たとえば目の前においしそうなスパゲティーがあって、「今、食べる**ところ**です」「おいしい。食べている**ところ**です」「今、食べた**ところ**です」のように動詞の後に「**ところ**」をつける使い方です。この「～**ところ**」って、一体何を表しているのでしょう。

「〜ところ」の使い方

食べるところ

食べているところ

食べたところ

「〜ところ」の使い方の例

会話例

①社長室の前で

社員「すみません。社長に急用なんです」

秘書「今社長は電話しているところです。しばらくお待ちください」

②電話で

お客「電話でピザの注文をしてから、もう1時間たつんだけど」

店員「遅くなってすみません。今、店を出たところです」

例文

①「これからピザを焼くところです」

②「今、ピザを焼いているところです」

③「たった今、ピザを焼いたところです」

解説

103ページの「食べる**ところ**」「食べている**ところ**」「食べた**ところ**」のイラストをもう一度みてみましょう。「食べる」に「**ところ**」がつくと、「まだ食べていない、でもこれから食べる」、つまり食べる直前の動作に使われていますね。「食べている**ところ**」は「食べている」に「**ところ**」がついて、まさに動作が進行中であることを示しています。

では「食べた**ところ**」と、「食べた」に「**ところ**」がついた形は、過去形の「食べた」とどう違うのでしょうか。「食べた」は過去の動作ですが、いつ食べたかはわかりません。ところが「食べた**ところ**」と「**ところ**」がつくと、食べた直後ということがわかります。

つまり「～**ところ**」は「時間の流れに焦点をあてる」という重要な働きをしています。文法では「アスペクト（相）」といいます。

ピザの例ですが、電話の「今、店を出た**ところ**です」は、じつはまだ焼いている**ところ**かもしれません。「今配達している**ところ**です」と言っても、これから配達する**ところ**かもしれませんよね。電話相手は見えませんから。

パート4

日本語力がアップする文法のルール

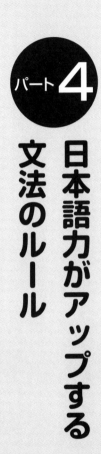

「〜やすい」の意味の違い
「崩れやすい崖」と「飲みやすい薬」

最近、災害のニュースが多く、「崩れ**やすい**崖」や「氾濫し**やすい**川」、「山崩れが起き**やすい**道」という言葉をよく耳にします。

さて、この「崩れ**やすい**」や「氾濫し**やすい**」の「〜**やすい**」にはもう二つのパターンがあります。「飲み**やすい**」「食べ**やすい**」などです。この二つの使い方の違いは何でしょう？

「〜やすい」の使い方

「〜やすい」の使い方の例

会話例

①家で

和雄「お母さん、このゲームは飽きちゃった。違うゲームを買って！」

お母さん「あなたは、どうしてそう何にでも飽き**やすい**の。絶対に買いません」

②会社で

部長「地震対策で、倒れ**やすい**ものは買い替えることになりました」

社員「わかりました。倒れ**やすい**ものと倒れにくいものをチェックします」

例文

①「このペン、すごく書き**やすい**よ」

②「先生の文章は読み**やすい**ですね」

③「もっと使い**やすい**辞書はありませんか？」

解説

「〜**やすい**」の二つのパターンにはどんな違いがあるのでしょう？

A.「崩れ**やすい**」「氾濫し**やすい**」「倒れ**やすい**」

B.「飲み**やすい**」「書き**やすい**」「読み**やすい**」「使い**やすい**」

ヒント：AとB、どちらが人間の意志的動作だと思いますか？

そう、Bですよね。飲む、書く、読む、使う、どれも私たちの「意志」が脳に指令を発して行動させているのです。Bグループの動詞は「意志動詞」といいます。「〜**やすい**」がつくことで、どれも「〜することが容易、たやすい」という意味になります。

それに対してAグループの動詞はどうでしょうか？「崖が崩れたり」「川が氾濫したり」「本棚が倒れたり」、どれも人間の意志とは無関係に起こる事柄で、これらは「無意志動詞」といわれます。意味は「そういう傾向があること」となります。ですから、同じ「〜**やすい**」でも、AとBでは全然意味が違ってくるのです。では和雄くんの「飽き**やすい**性格」はどちらの意味でしょう？

そう、Aグループの「飽きっぽい傾向がある」のほうです。「飽きる」は無意志動詞、でも本当に脳は指令を出していないのでしょうか？

「～ておく」の意味は？

お父さんとお母さんは今年の4月で結婚してから10年。ふたりで海外旅行に行くそうで、半年も前から「飛行機の予約をし**ておく**ね」「ホテルの予約もし**ておこう**」と張り切っています。お母さんは「荷物をつめ**ておく**わね」「あなた、おいしいレストラン確かめ**ておいて**ね」とうれしそう。

ところで、ここで使われている「～**ておく**」にはどんな意味があるのでしょうか。「置く」とは違う意味ですね。

「〜ておく」の使い方

「〜ておく」の使い方の例

会話例

①居間で

おじいさん「フルーツポンチが多すぎて食べきれないよ」

おばあさん「残った果物は冷蔵庫に入れ**ておいて**ね」

②会社で

社員「報告書は昨夜まとめて、デスクに置い**ておきました**」

部長「よくがんばったね。今日中に読ん**どく**よ」

例文

①「日曜日くらい、お父さんが寝たいだけ寝かせ**ておきましょう**」

②「食べたいだけ食べさせ**ておいたら**、10キロも体重が増えたって」

③「飲み放題は2時間だよ。飲みたいだけ飲ん**でおいて**ね」

解説

「置く」は「机の上に花瓶を置きます」のように使いますが、「動詞＋**て**＋**おく**」は「今日は来客なので、花瓶に花を生け**ておきます**」と「生け**て**＋**おく**」で、来客に備えて前もって準備するという意味になります。

ですから、錫婚式《すずこんしき》のための海外旅行を控えた両親が「飛行機を予約し**ておく**」「荷物をつめ**ておく**」と旅行の準備をしているのに、「〜**ておく**」はぴったりなのです。

114ページの例で、おじいさんが食べきれないフルーツポンチを「冷蔵庫に入れ**ておく**」のは、捨てないでまた食べるためです。

部長が「報告書を読ん**どく**よ」と言っていますが、これは「読ん**でおく**よ」の縮約形で、親しい間柄や目下の人に使われます。

でも「寝たいだけ寝かせ**ておく**」には別の意味があります。「食べたいだけ食べさせ**ておく**」と、その結果、体重増加を招いたりしますよね。これは、「放置」「放任」の表現です。「遊びたいだけ遊ばせ**ておく**」も放任かもしれません。それでも良い子どもが育てば、それも一つの教育方針ではありますが……。

「お財布が落ちている！」は進行形？

みなさんは公園などを**歩いていて**「あ、お財布が**落ちている**」と落とし物を見つけた時、「散歩を**していたら**、落とし物を見つけました」と交番に届けますか？

ところで「**歩いている**」「散歩を**していた**」はどちらも「～**している**」という「進行形」ですが、「**落ちている**」も進行形でしょうか？　違いますよね。「落とし物」というからには、動かない「物」だからです。

「落ちている」も進行形？

「～ている」の使い方の例

会話例

①電話で

お父さん「大きな荷物が**届いている**と思うけど」

お母さん「ええ、さっき届いた。今**開けている**けど」

②家で

和雄　「まだお父さんの部屋に電気が**ついている**ね。
仕事かなー」

お母さん「きっと会議の資料を**つくっている**のよ」

例文

①「コンサートはもう**始まっています**」

②「会議はとっくに**終わっている**」

③「池の金魚が**死んでいる**」

解説

「ジェスチャーゲーム」をしたことはありますか？　「象の背中に**乗っている**」「盆踊りを**踊っている**」「試験勉強を**している**」。「サッカーでボールを**追いかけている**」「海で**泳いでいる**」、どれも動作が進行中なので、ジェスチャーもそんなに難しくないと思います。

でも「千円札が**落ちている**」や「荷物が**届いている**」「遅くまで電気が**ついている**」「池の金魚が**死んでいる**」のジェスチャーは難しいですよね。「電気が**ついている**」をどうやってジェスチャーしますか？　電気をつける動作をすると「電気を**つけている**」と進行形の答えになってしまう。「千円札が**落ちている**」のジェスチャーをするには、まず千円札を落とす人がいて、それを見つける人が指をさせばいいでしょうか？

じつはこれらの動詞には「瞬間動詞」という名前がついていて、「落ちる」や「つく」などの瞬間的に終わってしまう動作の結果が「**落ちている**」や「**ついている**」なのです。

ですからジェスチャーゲームには向いていないのです。

「見える」と「見られる」はどう違う？

健康診断の視力検査のとき「これ**見えます**か？」と小さな円のどこに切れ目があるかを、まるでクイズのように答えさせられます。見えなくても、見えたように「右です」とか「下です」とか、当てずっぽうに答えることがありますね。

さて、視力検査をする保健室の窓からは富士山が**見られます**。だから和雄くんは、毎年の健康診断の日が楽しみです。今年も**見られます**ように！

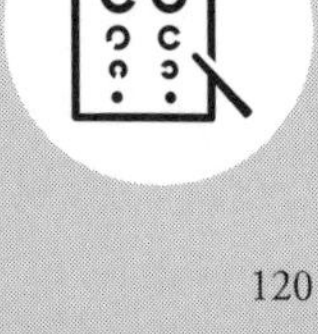

「見えます」と「見られます」

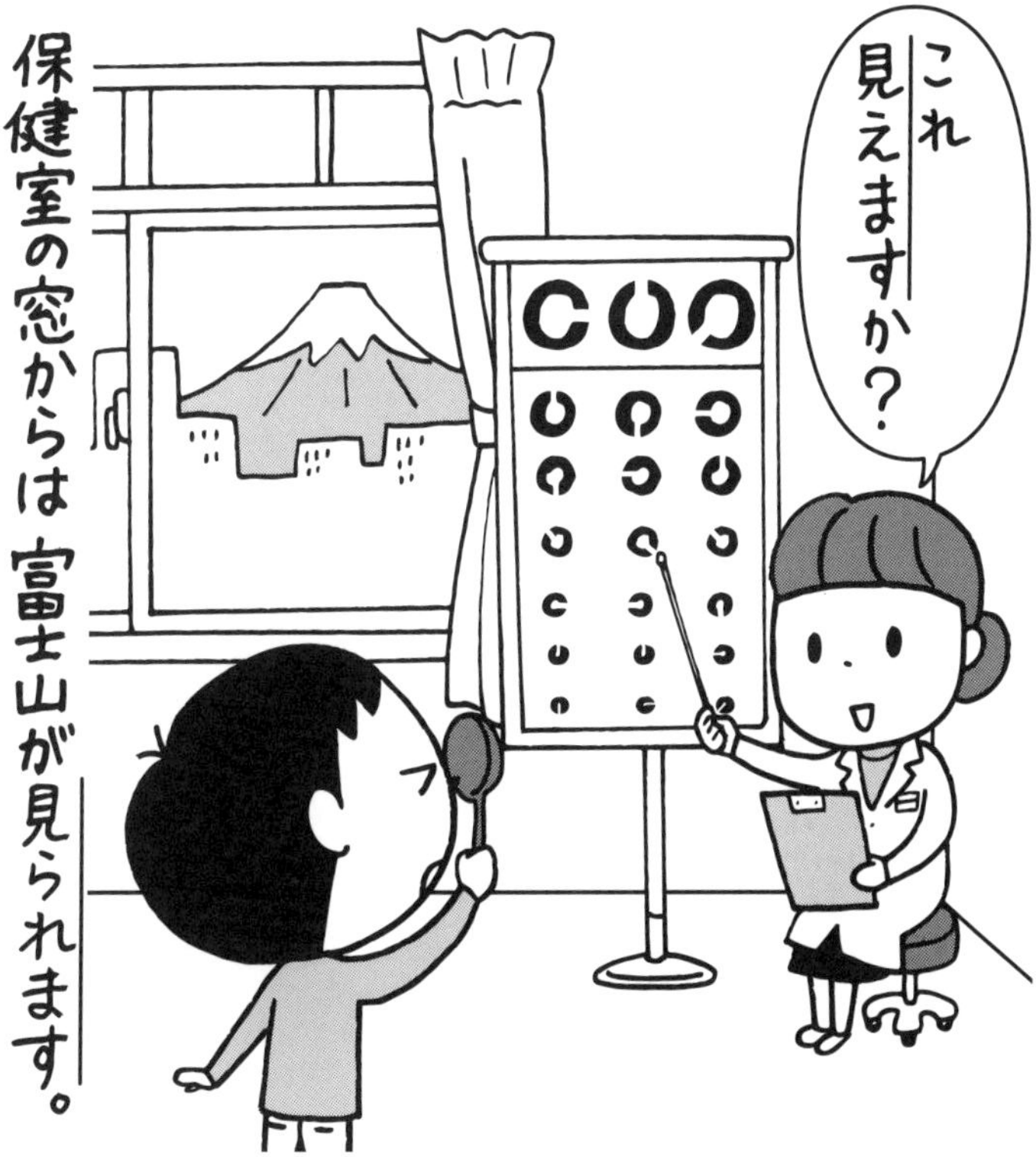
これ見えますか？
保健室の窓からは 富士山が見られます。

「見える」と「見られる」の使い方の例

会話例

①ホテルのフロントで

ホテルのフロント「どんなタイプのお部屋にしましょうか？」

お客「北アルプスの**見える**部屋が良いんですが……」

②居間で

和雄「お母さん、こんなに暗くなったのに、猫のミケが出かけて行ったよ」

お母さん「猫は夜でも目が**見える**から、心配ないわよ」

例文

①「上野動物園に行けば、パンダが**見られます**よ」

②「京都に行けば、金閣寺が**見られる**そうです」

③「雪解けの季節には、網走で流氷が**見られます**」

解説

視力検査で「これ**見えますか**?」と言われて、どうして「これ**見られますか**?」と言わないのかと不思議に思う人がいるかもしれません。

ホテルのフロントで「北アルプスの**見える**部屋が良いです」とも「北アルプスが**見られる**部屋が良いです」とも言えますよね。どうして「**見える**」しか使えない場合と「**見られる**」しか使えない場合があるのでしょう?

「保健室に行けば」「上野動物園に行けば」「京都に行けば」は**見られる**のです。つまり、自分の意志で、ある場所に行くという条件が整えば「**見られる**」。それに対して、自分では意識しなくても、自然に目に飛び込んでくるのが「**見える**」なのです。

「これ**見えますか**」「猫は夜でも目が**見える**」は備わっている能力を表すし、「カツオブシをあげると猫は喜んでいるように**見える**」の「**見える**」は「思える」と同じ意味です。おもしろいですね。

「～だった」と「～かった」はどう違う？

「お母さんは、昔はとてもきれい**だった**んだよ」。お父さんはいつも「昔は」と言います。でも、「お母さんは今も美しいと思うな」と僕が言ったら、お母さんは、「ありがとう。でも昔はもっと美し**かった**のよ」だって。「きれい**だった**」や「美し**かった**」はどちらも今より前のことを言うときに使われるけれど、「～**だった**」と「～**かった**」には違いがあるのかな？

「〜だった」と「〜かった」

「〜だった」と「〜かった」の使い方の例

会話例

①居間で

お父さん「お母さん、昨夜は子ども部屋がうるさ**かった**けど」

お母さん「今朝は静か**だった**わよ」

②玄関で

和雄「僕の部屋、汚**かった**でしょう？」

薫「うん、ちょっとね。でも、思っていたより広**かった**な」

③職員室で

「校長先生、昔は将棋名人として有名**だった**そうですよ」

「きっと若い頃は頭が良**かった**んですね」

「それに、とてもイケメン**だった**そうですよ」

解説

１２４ページのお父さんとお母さんの会話に出てくる「きれい**だった**」と「美し**かった**」。意味の違いもありますが、ここでは「~**だった**」と「~**かった**」の違いに着目しましょう。

古典の授業で「ク活用・シク活用」などを勉強しますが、ほとんどの人が忘れてしまっているのではないでしょうか？ 「~**だった**」と「~**かった**」の違いは、じつは平安時代から存在していたのです。今では「有名な」「静かな」「きれいな」「立派な」などのように後に「ナ」が続くものは「形容動詞」、「美しい」「広い」「楽しい」「重い」「涼しい」などのように「イ」で終わり「ナ」がつかないものは「形容詞」として分類されます。

私たちは「ナ」で終わる形容動詞の過去形は「有名**だった**」「静か**だった**」「きれい**だった**」「立派**だった**」のように「~**だった**」の形にし、「イ」で終わる形容詞は「美し**かった**」「広**かった**」「楽し**かった**」「重**かった**」「涼し**かった**」のように「~**かった**」の形にしているのです。文法っておもしろいですね。

探し物が「あった！」の「あった」は過去のこと？

新学期。みんなは教室で先生を待っています。今日はじめて会う先生です。和雄くんは待ちきれなくて、教室から廊下をのぞいて、「**来た来た、**先生が**来た**」と言って慌てて席に着きました。

でも、どうして過去のことでもないのに「来る」ではなく「**来た**」と言うのでしょう。

そういえば、財布などの探し物を見つけた時にも「**あった！**」と言いますね。これも過去のことではないのに不思議ですね。

「来た」は過去形？

完了形（あった、など）の使い方の例

会話例

①洗面所で

お母さん「コンタクトレンズが見つからない。一緒に探してくれる？」

和雄「**あった**！　洗面台の上に落ちていたよ」

②お化け屋敷で

和雄「入場料は高いのに、お化けが出ないな」

お母さん「キャ、**出た**。お化け、こわい！」

例文

①「昔の東京には木がたくさん**あった**よ」

②「このレストランには、10年前にも一度**来た**と思う」

③「泥棒は**開いた**（開いている）窓から忍び込んだのでしょう」

解説

英語の文法には、現在形、過去形、未来形、そして「現在完了形」があります。学生時代に教えてもらっても、どこかピンと来ませんでした。have (has) + 過去分詞と形はわかりやすいのですが、「ずっと～です」「～したことがあります」「～したところです」「～してしまった」など訳し方がいろいろあるので、先生に質問したんです。「日本語には現在完了形はありますか?」、先生には「ありません」と言われてしまいました。

しかし、平安時代には日本語にも「過去形」と「完了形」の区別があったのです。その両方が合わさった形で「～**た**」になり、現在のように「**来た**」「**あった**」「**見つけた**」「**開いた**」「**出た**」などは、過去形の意味と「ずっと～していた動作が完了した」という完了形の意味を持つようになったのです。

先生を待っている動作が完了する「**来た**」、メガネを探す動作が完了する「**あった**」、開店1時間も前から店が開くのを待っている動作が完了する「**開いた**」、お化けが出るのを待っている気持ちが完了する「**出た**」、じつはすべて過去形と形は同じですが、完了形なのです。わかって**いただけた**かな?

「帰る」は「帰った」、「変える」は「変えった」？

別荘に本棚を置き、部屋のレイアウトを**変えた**。高原の別荘に留学生たちが遊びに来て、「先生、部屋のレイアウトを**変えった**のですね。私も東京に**帰ったら**、部屋のレイアウト変えようかな。狭いんですけどね」と言いました。

「帰る」の過去形は「**帰った**」ですね。でも留学生の言った「**変えった**のですね」はちょっと変ですよね。どうしてでしょう。

「変えった」は間違い？

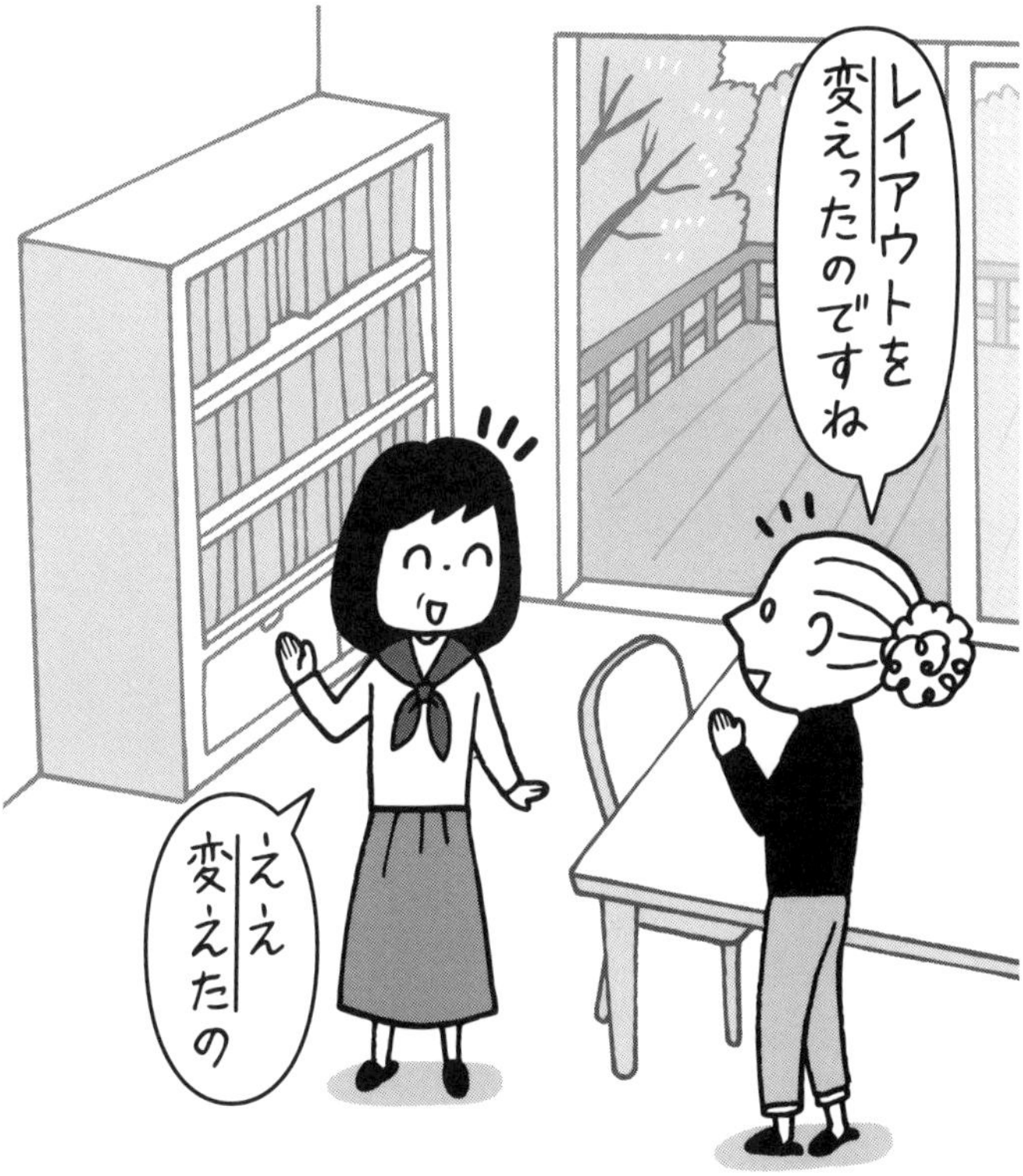
レイアウトを変えったのですね
ええ変えたの

過去形（帰った、など）の使い方の例

会話例

①空港で

部長「Kさんとは、どこで会う？　一度**会った**ことがあるんだよね」

社員「空港の到着ターミナルで。あ、あそこに**立って**いますよ」

②居間で

和雄「お母さん、宿題が**終わった**よ。お腹がすいたな」

お母さん「おやつよ。お友だちは**帰った**の？　スイカを**切った**のに！」

例文

①「英会話は一応**習った**んですが、話せなくて」

②「今写真を**撮った**でしょう？　Facebook にアップしないでね」

③「この部屋は禁煙なんですが、たばこを**吸った**のは誰ですか？」

解説

「変える」の過去形は「**変えた**」で、「帰る」の過去形は「**帰った**」です。どちらの形が多いか考えてみましょう。

「会**う**：**会った**」「立**つ**：**立った**」「終わ**る**：**終わった**」「切**る**：**切った**」「習**う**：**習った**」「撮**る**：**撮った**」、「吸**う**：**吸った**」など、日常会話で使う動詞をざっと挙げただけでも過去形が「**～った**」になるものが圧倒的に多いのです。だから留学生が間違えるのも無理はないと思いませんか？

でも、日本人はあまり意識しないで、これらの動詞の過去形を使っています。だって、子どもの頃から自然に覚えた日本語ですから、そこにどんなルールがあるかなんて、あまり考えませんよね。

じつは「1グループ（五段活用）の動詞」である「**～う**」「**～つ**」「**～る**」で終わる動詞の過去形は、「**～った**」になるという規則があるのです。「変えた」は、それとは異なる2グループの動詞です（142ページ参照）。過去形のルールを探る大きな手がかりは、この活用の種類なのです。

「〜しよう」は「おう」と「よう」の2パターン

和雄くんはお正月になると、毎年「新たな決意」をします。

1、たくさん本を**読もう**　2、毎日日記を**書こう**

3、たくさんの物事を**見よう**

4、夜12時までには**寝よう**

5、朝7時には**起きよう**

今年こそ三日坊主にならないように、がんばるぞ！

じつはこの「〜**しよう**」には2パターンあります。違いがわかりますか？

パート1
知らずに使っている日本語の不思議

パート2
知っていると便利なものの言い方

パート3
使い分けが難しい言葉

パート4
日本語力がアップする文法のルール

いろいろな「〜しよう」

読もう

書こう

12時までには寝よう

「〜しよう」の使い方の例

会話例

①ダイニングキッチンで

お母さん「あなた、食事よ。早く**食べよう**ね」

お父さん「今、サッカーの試合でゴールしそうなんだ。
君も一緒に**見よう**よ」

②居酒屋で

社員A「お勘定、今日は僕が**出そう**」

社員B「先輩、ごちそうさまです。みんな、店を**出よう**!」

例文

①「カラオケでは、みんなの知っている歌を**歌おう**」

②「友だちの歌を**聞こう**」

③「ここでは、たくさんの友だちを**つくろう**」

解説

136ページの和雄くんのお正月の決意をもう一度みてみましょう。「たくさん本を読**もう**」「毎日日記を書**こう**」、そして138ページの「歌**おう**」「聞**こう**」「つく**ろう**」。どれもパターンが同じですよね。

英語のLet's～を表す場合、1グループ（五段活用）の動詞は、「オ段」のオコソトノホモヨロ＋オウが使われます。居酒屋で先輩が「お勘定、僕が出**そう**」と言っていますが、ここでも同じパターンの「**そ**＋**おう**」が使われています。

それに対して「たくさんの物事を見**よう**」「12時までに寝**よう**」では「**よう**」が使われています。お父さんとお母さんの会話でも「早く食べ**よう**」「一緒に見**よう**」と「**よう**」が使われています。これらはすべて2グループ（一段活用）の動詞です。1グループに比べるとシンプルでわかりやすいと思いませんか？

「出す」は1グループだから「出**そう**」。でも「出る」は2グループだから「出**よう**」となります。グループがどのように分かれているかは、否定形をつくってみるとわかります。142ページに見分け方をのせましたので、参考にしてくださいね。

「着れます」と「着られます」、あなたはどちらを使う？

「最近、太ったみたい。来週のパーティーにこの9号サイズの服、まだ**着れる**かな？」。お母さんは鏡の前で着たり脱いだり。

「やっぱり**着れない**。ねえ、お父さん、新しいドレス一着買ってもいい？」、お父さんは、ちょっと困った顔をして「そのドレス、**着られる**じゃないか。じつは僕もこのズボン、**履けない**んだ。どうしよう？」

「**着れる**」と「**着られる**」、「ら」が入ったり入らなかったり。あなたは普段どちらを使っていますか？

「着れる」と「着られる」

「〜れる」と「〜られる」の使い方の例

会話例

①レストランで

お父さん「もっと**食べられそう**？　追加注文しようか？」

お母さん「もうお腹いっぱい。これ以上**食べれない**」

②出張先で

部長「こんなにうるさい中で、よく**寝られる**なー」

社員「とっても疲れてるんで、どこでも**寝れちゃいます**」

③出張先で

「明日の朝５時に**起きられます**か？」

「絶対無理、**起きれません**よ」

「すいませんが、朝５時に目覚まし用の電話を**かけれます**？」

動詞グループの見分け方

- **1グループ**
  否定形がすべて「……anai」になる。
  書く（kakanai）、歌う（utawanai）、
  飾る（kazaranai）、打つ（utanai）、
  噛む（kamanai）、飛ぶ（tobanai）など
- **2グループ**
  否定形が「……inai」か「……enai」になる。
  着る（kinai）、見る（minai）、落ちる（ochinai）、
  寝る（nenai）など
- **3グループ**
  「する」と「来る」

解説

動詞の可能の形、つまり「〜することができる」には次のような形があります。ここでは「五段活用の動詞」（1グループ）、「上一段活用と下一段活用」（2グループ）の二つに分けて説明しますね。

●1グループの動詞

・書**く**‐書くことができる‐**書ける**
・歌**う**‐歌うことができる‐**歌える**
・撮**る**‐撮ることができる‐**撮れる**

一定のルールに沿って変わっているのがわかりますよね。では「読む」は？　「読める」。「ズボンを履く」は「履ける」ですよね。

●2グループの動詞

・見**る**‐見られる（**見れる**）　・着**る**‐着られる（**着れる**）

1グループとの違いは「ら」が入ることですが、「ら」抜きの「**見れる**」や「**着れる**」も普通に使われています。つまり動詞の活用は単純化の方向に向かっていると言えます。ただ、これは日常よく使われる言葉にかぎられていて、「教える」「テストを受ける」などの大部分の2グループの動詞は「**教えられる**」「テストが**受けられる**」のように、まだ「ら」が入ります。さあ、これから日本語はどちらに向かうのでしょうか？

佐々木　瑞枝（ささき　みずえ）
京都府生まれ。（名誉文学博士）
山口大学教授、横浜国立大学教授を経て、武蔵野大学名誉教授。池袋コミュニティカレッジ日本語教授法講座講師。専門は日本語学、日本語教育学、日本文化論、異文化コミュニケーション論。日常生活の中で何気なく使っている日本語の意外な側面、微妙な表現・言葉の使い分けなど、日本語の楽しさを伝えている。
主な著書に、『外国語としての日本語』（講談社）、『日本語ってどんな言葉？』（筑摩書房）、『実践日本語教育を学ぶ人のために』（世界思想社）、『９割の日本人が知らない「日本語のルール」』（中経出版）、『日本語を「外」から見る』『日本語教師になりたいあなたへ』（ともに小学館）、『何がちがう？　どうちがう？　似ている日本語』（東京堂出版）などがある。

編集・デザイン・DTP　造事務所
イラスト　岡澤香寿美
装丁　斉藤よしのぶ

知っているようで知らない　日本語のルール

2018年1月15日　初版印刷
2018年1月30日　初版発行

著　者　佐々木瑞枝
発行者　大橋信夫
発行所　株式会社　東京堂出版
〒101-0051　東京都千代田区神田神保町1-17
電話　03-3233-3741
http://www.tokyodoshuppan.com/
印刷・製本　中央精版印刷株式会社

ISBN 978-4-490-20980-8 C0081
JASRAC 出 1714933-701